SCHNITZ-KIDS

20 ULTIMATIVE PROJEKTE
ZUM SCHNITZEN FÜR KINDER

THADE PRECHT

SCHNITZ-KIDS

20 ULTIMATIVE PROJEKTE ZUM SCHNITZEN FÜR KINDER

EMF

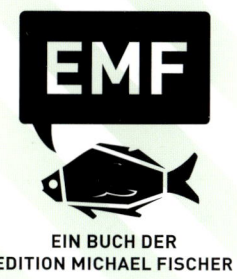

EIN BUCH DER
EDITION MICHAEL FISCHER

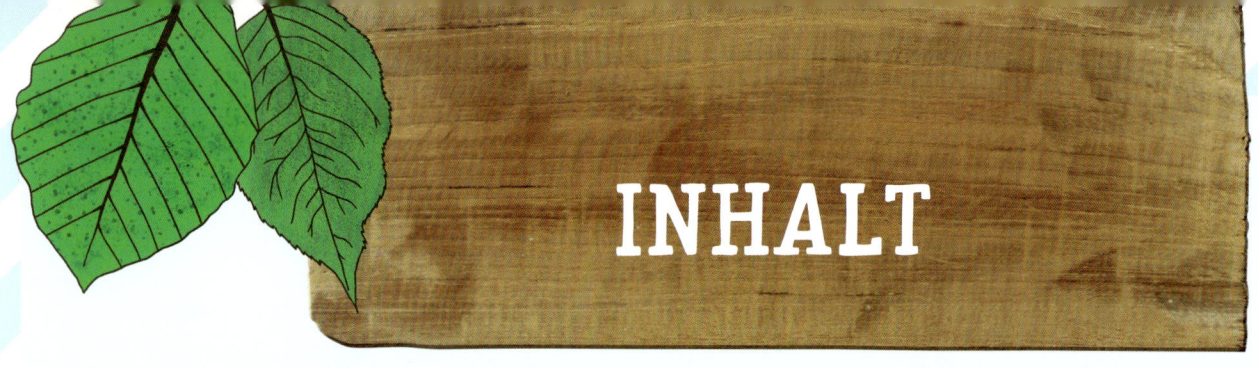

INHALT

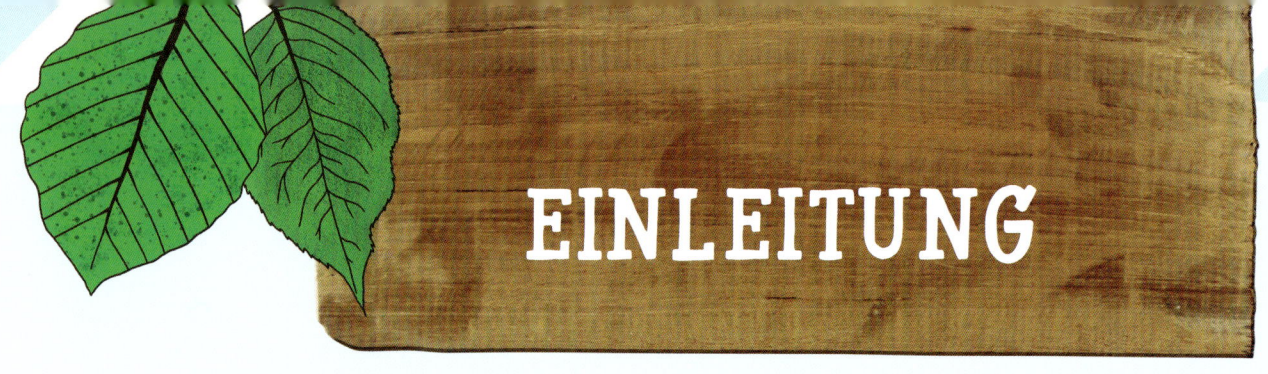

EINLEITUNG

Schnitzen macht Spaß und ist ein super Zeitvertreib. Du wirst schnell merken, wie toll es ist, etwas mit seinen Händen zu erschaffen. Und zwar nicht einfach nur irgendetwas, sondern etwas ganz Spezielles: deine eigenen kleinen Kunstwerke! Die Palette an Ideen in diesem Buch reicht von geschnitzter Obst- und Gemüsedekoration über Schmuck und Musikinstrumente hin zu Spielen und Spielzeug. Im Handumdrehen entstehen praktische Utensilien, schöne Spielsachen und liebevolle Geschenke.

Als Einsteiger brauchst du einen erwachsenen Helfer – sprich Mama, Papa, Onkel oder wer Lust hat mitzuschnitzen. Dein Helfer wird die scharfen Werkzeuge im Auge behalten, dich anleiten und dabei unterstützen, die Regeln und Techniken des Schnitzens zu verstehen, zu verinnerlichen und zu üben. Er wird mit dir zusammen die richtigen Hölzer auftreiben und dir bei schwierigen Tätigkeiten, wie zum Beispiel dem Sägen, zur Hand gehen. Erst wenn du dich im Umgang mit dem Schnitzmesser sicher fühlst und dein Helfer dieses Gefühl teilt, solltest du ohne Aufsicht (aber nie allein) schnitzen dürfen.

Zu jedem Projekt in diesem Buch findest du eine Material- und Werkzeugliste und gezeichnete Schnitzmesser, die den Schwierigkeitsgrad und den Aufwand des jeweiligen Projekts anzeigen.

SCHWIERIGKEITSGRADE

Ideal für Einsteiger; du brauchst relativ wenig Zeit und Übung.

Du brauchst etwas mehr Zeit und Übung.

Du brauchst deutlich mehr Zeit und Übung.

Jedes Kind hat natürlich unterschiedliche Vorkenntnisse und Fertigkeiten, deswegen dient diese Einteilung nur der groben Orientierung. Das nebenstehende Astmännlein mit der Infobox-Fahne wird dir im Verlauf des Buchs immer wieder begegnen und dich mit nützlichen Tipps versorgen. Alle Projekte verstehen sich als kreative Anregung und du bist herzlich eingeladen, die Modelle nach deinen eigenen Wünschen und Vorstellungen abzuwandeln oder zu erweitern. Vielleicht hast du sogar schon komplett eigene Ideen im Kopf? Bestens, dann nichts wie los!

Stock ahoi!

INFOBOX

KLEINE SCHNITZSCHULE

DIE 11 GRUNDREGELN

VERANTWORTUNG TRAGEN

Ein Schnitzmesser ist ein Werkzeug und nur als solches zu benutzen. Es ist kein Spielzeug und erst recht keine Waffe.

1.

IN GESELLSCHAFT SCHNITZEN

Du solltest niemals allein schnitzen, da so im Ernstfall keine Hilfe zur Stelle wäre. Gerade am Anfang ist es wichtig, dass ein Elternteil oder ein anderer Erwachsener dich anleitet und unterstützt.

2.

SCHNITZEN NUR IM SITZEN

Die Messerklinge ist sehr scharf. Beim Schnitzen also nicht herumlaufen oder -stehen, sondern fest und bequem sitzen.

3.

ABSTAND HALTEN

Wenn du mit anderen zusammensitzt und schnitzt, halte immer genügend Sicherheitsabstand zu deinem Nachbarn (mindestens zwei Armlängen).

4.

SCHARFE KLINGE

Dein Messer muss scharf sein! Stumpfe Messer machen das Schnitzen unnötig schwer, erfordern mehr Kraft und erhöhen damit das Verletzungsrisiko beim Abrutschen. Tipps zum Schleifen findest du im folgenden Kapitel (siehe Seite 13).

5.

VOM KÖRPER WEG SCHNITZEN

6. Um Verletzungen zu vermeiden, schnitze immer von dir und deiner haltenden Hand weg, nie zu dir hin. Am besten breitbeinig sitzen und zwischen den Beinen schnitzen. Dabei das Messer nie in Richtung der Beine führen.

SCHNITTSCHUTZ-HANDSCHUHE TRAGEN

7. Besonders für Neulinge empfiehlt sich das Tragen spezieller Schutzhandschuhe, die dir mehr Sicherheit beim Schnitzen bieten.

DAS RICHTIGE HOLZ WÄHLEN

8. Insbesondere Neulinge sollten großen Wert darauf legen, sich das richtige Holz zum Schnitzen zu suchen – es darf nicht zu hart und nicht zu astreich sein. Weitere Informationen dazu finden sich im Kapitel „Schnitzmaterialien" (siehe Seite 14–16). Außerdem gibt es zu jedem Projekt spezielle Holzempfehlungen.

ÄSTE BESSER LANG ALS KURZ

9. Damit du die Äste und Zweige beim Schnitzen gut festhalten kannst, sollten sie im Zweifel lieber zu lang als zu kurz sein. Kürzen lassen sie sich später immer noch.

IN BÄUME SCHNITZEN IST TABU

10. Es mag zunächst harmlos erscheinen, aber du darfst lebende Bäume unter keinen Umständen mit deinem Messer anritzen. Der Baum bekäme dadurch Risse in seinem Schutzmantel, unter der Rinde verlaufende Versorgungswege würden zerstört und der Baum könnte im schlimmsten Fall sogar absterben.

AUFRÄUMEN

11. Damit du noch lange Freude an deinen Geräten hast und damit niemand ungewollt zu Schaden kommt, säubere das Schnitzmesser und deine sonstigen Werkzeuge nach jedem Gebrauch und räume sie ordentlich weg. Stelle sicher, dass die Messerklinge eingeklappt ist.

DAS SCHNITZMESSER

Für Kinderhände eignen sich am besten Schnitzmesser mit abgerundeter Spitze und relativ kurzer Klinge. Die Modelle in diesem Buch sind mit einem Kindermesser geschnitzt, bei dem sich die Klinge nach Gebrauch schnell und leicht wieder einklappen lässt.

EIN- UND AUSKLAPPEN

1.

1. Den Sicherungsring zwischen Griff und Klinge drehen, bis die Klinge entsichert ist.

2.

2. Die Klinge an der Einkerbung anfassen und ausklappen.

3.

3. Den Sicherungsring drehen, bis die Klinge gesichert ist. Das Messer ist nun einsatzbereit.

4.

4. Nach dem Schnitzen: Den Sicherungsring erneut drehen, bis die Klinge entsichert ist.

5.

5. Zum Einklappen die Klinge mit der Oberseite auf eine feste Unterlage drücken und beim letzten Stück behutsam mit dem Daumen nachhelfen. Achtung: Die Finger dabei nie in die Nähe des Klingenspalts bringen!

6.

6. Abschließend noch einmal den Sicherungsring drehen, bis die Klinge gesichert ist.

INFOBOX

Auf diesem Foto siehst du zum Vergleich ein Kinderschnitzmesser neben einem „normalen" Schnitzmesser. Das normale hat eine etwas längere und vor allem spitze Klinge. Es gibt noch viele weitere Formen, zum Beispiel auch Messer mit ganz kurzer und noch spitzerer Klinge.

SCHÄRFE TESTEN

Ein scharfes Messer bietet dir deutlich mehr Komfort und Sicherheit beim Schnitzen, denn du benötigst weniger Kraft und verringerst damit das Verletzungsrisiko beim Abrutschen. Mit dem sogenannten „Papiertest" findest du heraus, ob dein Messer scharf ist.

1. Bitte deinen erwachsenen Helfer, ein dünnes Blatt Papier an den oberen Ecken festzuhalten, sodass du gut und sicher einen oder mehrere lange Streifen davon abschneiden kannst.

2. Schneide dabei immer von oben nach unten. Je leichter das Messer durch das Papier gleitet, desto schärfer ist es. Wenn das Papier ausfranst oder gar einreißt, ist das Messer stumpf und sollte geschärft werden. Der Vorteil bei dieser Art von Schärfetest: Wenn du den Schnitt über die gesamte Klinge laufen lässt, kannst du gut sehen und spüren, an welchen Stellen die Klinge schon scharf bzw. noch stumpf ist.

INFOBOX

Neben dem Papiertest gibt es noch eine Reihe weiterer Möglichkeiten, die Schärfe des Messers zu prüfen. Manche tragen lustige Namen wie zum Beispiel der Kugelschreibertest, der Küchenrollentest, der Tomatenfalltest, die Daumenprobe oder auch die Rasierprobe.

SCHÄRFEN

Das Schärfen bzw. Schleifen deines Schnitzmessers solltest du immer gemeinsam mit deinem erwachsenen Helfer vornehmen. Es gibt verschiedene Schleifarten und -werkzeuge; generell unterscheidet man zwischen dem Schleifen mit Wasser und dem Schleifen mit Öl. Für die hier gezeigte Methode benötigst du Schleiföl und einen Schleifstein mit grober und feiner Seite. Wenn das Messer sehr stumpf und/oder schartig ist, beginnst du auf der groben Seite des Schleifsteins. Nachdem die Scharten „ausgewetzt", also weggeschliffen sind und das Messer nicht mehr ganz so stumpf ist, wird auf der feinen Seite weitergeschliffen.

1. Zum Schleifen etwas Öl auf den Stein geben und dann die Klinge in einem sehr flachen Winkel – aber nicht ganz aufliegend – in Richtung der Messerschneide über den Stein reiben. Das Reiben kann entweder in geraden oder in kreisenden Bewegungen erfolgen – probiere aus, welche Technik dir am besten liegt.

2. Anschließend wird das Messer gedreht und derselbe Vorgang mit der anderen Seite der Schneide wiederholt.

3. Je feiner die Schneide wird, desto häufiger wird die Seite gewechselt. Wenn du und dein Helfer das Gefühl habt, dass das Messer scharf ist, wischt das Öl vorsichtig mit einem alten Tuch oder einem Küchenpapier ab und wiederholt den Papiertest.

SCHNITZ-MATERIALIEN

Neben Holz lassen sich noch viele weitere Materialien schnitzen, zum Beispiel Obst und Gemüse (Äpfel, Karotten, Kartoffeln, Kohlrabi, Kürbis usw.), Knochen, Seife, Kork oder Hartschaumblöcke. Die ersten Modelle in diesem Buch widmen sich dem Schnitzen essbarer Obst- bzw. Gemüsedekorationen und sind ein guter, weil leichter Einstieg für dich.

WELCHES HOLZ IST DAS RICHTIGE?

Grundsätzlich lässt sich jede Holzsorte schnitzen. Allerdings werden dir besonders harte Hölzer wie zum Beispiel Eiche und auch besonders weiche, faserige Hölzer wie Fichte das Leben unnötig schwer machen.

Ideal für Einsteiger sind die Äste von (weichen) Laubhölzern wie Linde, Hasel, Erle, Esche, Kastanie, Ahorn, Weide, Pappel, Holunder und Birke. Hasel und Erle sind zwar etwas härter, haben dafür aber eine sehr gleichmäßige Struktur und einen besonders geraden Wuchs. Die Äste von Nadelhölzern sind weniger gut geeignet – sie haben mehr Asteinschlüsse, splittern leichter und sind harzhaltig. Gänzlich ungeeignet, egal von welcher Holzart, sind morsche und brüchige Äste.

Frisches Holz – sogenanntes Grünholz – ist zum Schnitzen deutlich besser geeignet als schon getrocknetes Holz. Grünholz ist weicher und saftiger und lässt sich leichter bearbeiten. Der Nachteil ist, dass es sich beim Trocknen mitunter verzieht und schrumpft. Die damit verbundene Rissbildung lässt sich abschwächen, wenn man die fertigen Modelle an einem kühlen, dunklen Ort ein paar Wochen lang durchtrocknen lässt.

Verschiedene Holzsorten

Hier siehst du, wie ein Ast bzw. Baumstamm aufgebaut ist. Die äußerste Schicht ist die Baumrinde bzw. Borke. Sie transportiert in Wasser gelöste Nährstoffe und schützt den Baum vor Verletzungen. Jahr für Jahr wächst unter der Rinde ein neuer Jahresring, wodurch der Stamm, die Äste und die Wurzeln immer dicker werden. Nach innen wird das Holz zunehmend fester und in der Mitte verläuft das Mark. Die meisten Bäume haben ein hartes Mark, Hasel und Holunder dagegen ein weiches Mark, das sich besonders leicht entfernen lässt.

Rinde/Borke

Mark

Jahresring

BÄUME UND HÖLZER BESTIMMEN

Birke

Buche

Holunder

Holunder

Einige Baum- bzw. Holzarten kennst du sicher schon, sodass es dir leichtfällt, sie draußen in der Natur wiederzuerkennen. Zum Beispiel die Haselnuss mit ihren leckeren Nüssen oder die Birke mit ihrer markanten weißen Rinde bzw. Borke. Bei der Bestimmung der Hölzer kann dir dein erwachsener Helfer bestimmt noch den einen oder anderen Tipp geben. Und wer sein Wissen etwas auffrischen möchte, schaut einfach im Internet nach – dort findest du viele hilfreiche Websites dazu. Mittlerweile gibt es auch einige gute Apps zur Baumbestimmung.

Kastanie

Kiefer

Hasel

Hasel

Linde

WO FINDE ICH MEIN HOLZ?

Vorweg gesagt: Es ist generell nicht erlaubt, Zweige von lebenden Bäumen und Büschen am Wegesrand, in Parks, fremden Gärten, Wiesen oder Wäldern abzuschneiden. Findige Schnitzer kommen dennoch leicht ans Ziel: Frische Äste gibt es nämlich zuhauf nach Baumschnitt und Fällungen. Hör dich um und schau dich um, ob in den Gärten von Familie, Nachbarn, Freunden oder Bekannten gerade Baumschnitt angesagt ist. Außerdem kannst du dich mit deinen Eltern auch an den örtlichen Wertstoffhof, ans Forstamt oder an Firmen für Baumdienste wenden. In der Regel gibt es dort genügend Schnitzmaterial – und wer freundlich fragt, dem wird gerne geholfen. Und wenn alle Stricke reißen, bliebe immer noch der Gang zum nächsten Baumarkt, Holzhändler oder Tischler, um nach Holzresten zu fragen oder notfalls ein paar Rundstäbe zu kaufen.

ÄSTE AB- UND ZUSÄGEN

Gefällte Bäume sind ideal, um deinen Vorrat an dickeren Ästen aufzustocken. Das Absägen der Äste mit Hilfe einer Baumsäge sollte allerdings ein Erwachsener übernehmen. Baumsägen zum Klappen lassen sich leicht und sicher transportieren. Mit ihnen können später auch sämtliche Äste auf bestimmte Längen zugesägt werden. Beim Zusägen gilt es, den Ast stets gut zu fixieren: Entweder du legst ihn pfadfindermäßig auf einen Baumstumpf (oder eine ähnlich feste und erhöhte Unterlage) und stellst dich mit einem Fuß darauf. Oder besser noch: Du spannst ihn in einer Werkbank ein oder mit Schraubzwingen auf einer Arbeitsplatte fest. In jedem Fall sollte auch das Zusägen stets von einem Erwachsenen übernommen oder zumindest angeleitet werden.

HOLZ BEMALEN

Die in diesem Buch vorgestellten Modellideen verstehen sich als Anregung und können von dir nach Belieben abgewandelt, weitergesponnen und ergänzt werden. Dabei kannst du deine Kunstwerke selbstverständlich nach Lust und Laune mit allem bemalen, was dir in die Finger kommt: mit Filzstiften, Bleistiften, Kugelschreibern, Wasserfarben, Öl- und Wachsmalkreiden, Volltonfarben oder auch Acrylfarben. Tob dich aus!

Aufklappbare Baumsäge zum Absägen und Zusägen von Ästen

WEITERE WERKZEUGE UND MATERIALIEN

Neben Schnitzmesser, Baumsäge, Schleifstein und Schleiföl benötigst du zum Abmessen und Anzeichnen natürlich noch Stift und Lineal. Vereinzelt zum Einsatz kommen Nagelbohrer (auch bekannt als Hand- oder Kastanienbohrer), Schraubzwinge, Schleifpapier, Schraubendreher und Schere.

Lineal

Bleistift

Schleiföl

Schleifstein

Baumsäge

Schnitzmesser

Nagelbohrer

Rundfeile

Schraubendreher

Schraubzwinge

Schleifpapier

Bei den einzelnen Projekten sind mitunter noch ein paar individuell notwendige Materialien aufgelistet. Zur Einstimmung auf das, was kommt, hier schon einmal die Gesamtübersicht:

Apfel (Apfelkröse, Seite 24), **Karotten und Schaschlikspieße** (Karottenblumen, Seite 26), **Radieschen und Schaschlikspieße** (Radieschenpilze, Seite 28). **(Leder-)Bänder** (Herzanhänger und Halskette, Seite 32 und 36), **doppelseitiges Klebeband** (Klapperschlange, Seite 38), **breites Gummiband** (Zwille, Seite 46), **Paketschnur** (Säbel, Seite 50), **Schrauben** (Boje, Seite 58), **Kugelschreiber und Zirkel** (Würfel, Seite 60), **Pinsel und (Acryl-)Farbe** (Mölkky-Spiel, Seite 63), **Fahrradschlauch und Klebeband** (Devilstick, Seite 66), **Schlüsselring** (Schlüsselanhänger, Seite 70).

SCHNITZ-TECHNIKEN

SITZ- UND GRIFFHALTUNG

Du solltest beim Schnitzen bequem und breitbeinig sitzen, leicht vorgebeugt, die Füße fest auf dem Boden. Als Rechtshänder nimmst du das Messer in die rechte Hand, als Linkshänder in die linke Hand. Den Messergriff umschließt du oben am Griff (also relativ nah an der Klinge) mit der Faust. Mit der anderen Hand hältst du den Ast. Achte darauf, dass der Abstand zwischen deiner haltenden Hand und der Stelle, an der du das Messer ansetzt, nicht zu groß ist. Denn je größer der Abstand, desto weniger Kontrolle hast du beim Schnitzen. Die Unterarme kannst du auf den Oberschenkeln ablegen. Geschnitzt wird zwischen den Beinen.

SCHNITZRICHTUNG UND -WINKEL

Um Verletzungen zu vermeiden, denke immer daran, von deinem Körper und deiner haltenden Hand weg zu schnitzen, niemals zu dir und der haltenden Hand hin. Das Schnitzen entlang des Asts und der Holzfasern geht einfach und erfordert wenig Kraft. Das Schnitzen quer zum Ast und den Holzfasern ist merklich schwerer, gefährlicher und erfordert mehr Kraft. Damit das Messer besser schneidet, musst du es bei der Schnitzbewegung nicht einfach nur gerade nach vorne drücken, sondern leicht zur Seite wegziehen.

So, nun ran ans Werk – suche dir einen geeigneten Ast oder eine dicke Karotte und übe die folgenden vier Schnitzschnitte und das Spalten von Holz.

Die richtige Sitz- und Griffhaltung beim Schnitzen

SCHNITZRICHTUNG UND -WINKEL (FORTSETZUNG)

Um dir den Unterschied zwischen einer gerade gedrückten und einer seitlich gezogenen Schnitzbewegung zu verdeutlichen, schnapp dir eine Tomate.

1. Setze die scharfe Seite deiner Messerklinge darauf und drücke leicht und gerade nach unten.

2. Anschließend setzt du die Klinge neu an und schneidest mit leichtem Druck von einer zur anderen Seite – merkst du, wie viel leichter nun das Messer ins Tomatenfleisch gleitet?

DER GROBSCHNITT

1. Beim Grobschnitt (auch Schälschnitt genannt) setzt du die Klinge nah am Griff an, führst das Messer mit etwas Druck entlang des Asts und ziehst es dabei gleichzeitig leicht nach rechts (als Rechtshänder) bzw. nach links (als Linkshänder).

2. Während du das Messer den Ast entlangführst, kannst du den Winkel flacher werden lassen, um das Messer wieder aus der Rinde herauszuführen.

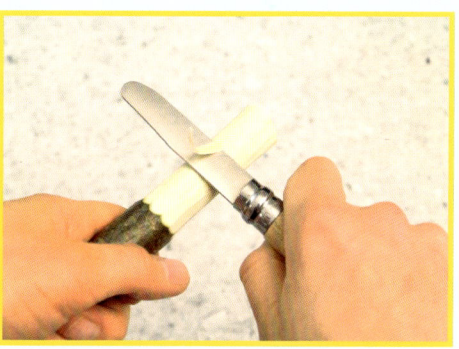

3. Du wirst schnell merken, dass die Rinde weich ist und sich gut abschälen lässt. Bei dem darunterliegenden Holz wird die Sache etwas anstrengender und es ist sinnvoll, mehrere flache Grobschnitte zu machen anstelle von wenigen dicken.

DER STOPPSCHNITT

1. Lege den Ast auf eine feste Unterlage und setze die scharfe Seite deiner Messerklinge senkrecht auf. Nun wippst du das Messer mit leichtem Druck hin und her, um die Rinde bzw. das Holz einzuschneiden. Das ist der Stoppschnitt. Wenn du den Ast dabei gleichzeitig noch mit der haltenden Hand behutsam Stück für Stück um die eigene Achse drehst, erhältst du einen umlaufenden Stoppschnitt.

2. Stoppschnitte sind kaum sichtbar, aber sie liefern dir gerade Kanten für den nachfolgenden Feinschnitt.

INFOBOX

Um einen Ast mit einem Ringmuster zu verzieren, setzt du zwei umlaufende Stoppschnitte nebeneinander und entfernst die Rinde dazwischen vorsichtig mit Feinschnitten.

DER FEINSCHNITT

Der Feinschnitt eignet sich – wie der Name schon verrät – für feine und detailgenaue Schnitte. Dabei drückst du mit dem Daumen der Hand, die den Ast hält, auf die stumpfe Rückseite der Klinge. Die Klinge wird nur durch den Daumendruck vorwärtsgeführt. Diese Technik ist gefühlvoll, bietet dir eine gute Kraftdosierung und du kannst die Klinge jederzeit anhalten.

DER KERBSCHNITT

1. Lege zunächst den Ast auf eine feste Unterlage und setze einen Stoppschnitt (der die Mitte der Kerbe markiert).

2. Schneidest du nun (von dir weg) schräg ins Holz bis an den Stoppschnitt, erhältst du eine N-förmige Kerbe. Wie beim Grobschnitt

gilt auch hier: Mehrere kleine Schnitte bringen dich leichter ans Ziel als wenige große.

3. Um eine V-förmige Kerbe zu bekommen, wendest du den Ast und setzt einen weiteren Kerbschnitt – schräg und von dir weg – so ins Holz, dass er von der anderen Seite

auf den Stoppschnitt trifft. Wiederhole diese Schritte so lange, bis deine Kerbe die gewünschte Tiefe erreicht hat.

4. Um eine umlaufende N- oder V-Kerbe zu bekommen, arbeitest du dich mit mehreren Kerbschnitten Stück für Stück um den Ast herum. Die umlaufende V-Kerbe erinnert an das Nagewerk eines Bibers, oder?

HOLZ SPALTEN

Äste in Längsrichtung mit dem Messer zu spalten, geht einfacher, als du vielleicht denkst. Suche dir einen ca. 30 cm langen und mindestens 2 cm dicken Ast, den du als Schlagholz ähnlich einem Hammer verwenden kannst.

1. Stelle den zu spaltenden Ast auf eine feste Unterlage – er darf auf keinen Fall kippeln. Mit einer Hand hältst du den Messergriff und setzt die Klinge relativ nah am Griff oben auf dem Ast an.

2. Um dich nicht zu verletzten, darfst du den Ast ab jetzt nicht mehr mit der anderen Hand festhalten. Stattdessen nimmst du mit dieser Hand das Schlagholz und klopfst mit ihm so wie mit einem Hammer ein paarmal behutsam von oben auf die Klinge, um sie ins Holz zu treiben.

3. Schlage dann den überstehenden Bereich der Klinge mit dem Schlagholz vorsichtig weiter in das Holz, bis es sich schließlich aufspaltet und teilt.

INFOBOX

Solltest du dich wider Erwarten doch einmal schneiden, wende dich an deinen Helfer und bitte ihn, die Wunde gründlich mit lauwarmem Leitungswasser auszuspülen. Danach wird ein Wunddesinfektionsmittel aufgetragen und ein Pflaster aufgeklebt. Tiefe, längere oder stark blutende Schnittwunden sollten vom Arzt versorgt werden. Aber so weit sollte es gar nicht erst kommen, wenn du die Schnitzregeln und -techniken immer beherzigst.

Mit etwas Übung kannst du einen Ast auch mehrmals spalten, um dir kleine, dünne Brettchen abzuspalten, die du als Rohlinge, beispielsweise für das auf Seite 74 gezeigte Buttermesser, benutzen kannst.

BEREIT FÜR DEINE ERSTEN MODELLE?

DANN MAL LOS UND VIEL ERFOLG!

APFELKRÖSE

Im 16. Jahrhundert gehörte die Halskrause, Kröse genannt, zur Kleidung. Der Apfel wird kaum über deinen Kopf passen, aber er erinnert stark an eine solche Kröse.

MATERIAL

1 Apfel

WERKZEUGE

Schnitzmesser

1.

2.

1. Setze zunächst im oberen Bereich des Apfels zwei Kerbschnitte,

sodass du eine schmale, flache V-Kerbe erhältst.

2. Schnitze im oberen Bereich umlaufend und in gleichmäßigem Abstand weitere sieben V-Kerben. Nun hast du acht Kerben im Apfel.

3.

3. Im mittleren Bereich des Apfels schnitzt du nun insgesamt 16 umlaufende V-Kerben. Diese Kerben

sitzen paarweise zwischen den in Schritt 1 und 2 gemachten Kerben.

4.

4. Zu guter Letzt schnitzt du im unteren Bereich weitere 16 umlaufende V-Kerben – jeweils eine Kerbe

zwischen die in Schritt 3 gemachten Kerben. Fertig!

KAROTTENBLUMEN

Karotten, Möhren, Wurzeln – über den richtigen Begriff wird gerne diskutiert. Eines steht fest: Gemüse ist gesund! Als Blümchen schmeckt's gleich doppelt so gut!

MATERIAL

für ca. 15 Blumen

2–3 Karotten,
Ø ca. 2,5–3 cm

15 Schaschlikspieße
aus Holz

WERKZEUGE

Schnitzmesser

1. Lege die Karotte auf eine feste Unterlage und schneide das dicke Ende gerade und sauber ab.

2. Setze die volle Klinge längs auf und drücke sie gerade nach unten bis zum etwas festeren inneren Ring der Karotte. Drehe die Karotte und mache einen zweiten Schnitt knapp 1 cm daneben; die Schnitte treffen sich am inneren Ring.

3. Den Karottenschreifen, der zwischen den beiden eben gemachten Einschnitten sitzt, brichst du einfach heraus, sodass eine längliche Kerbe entsteht.

4. Schneide mit derselben Technik noch weitere vier Kerben ringsum in die Karotte und entferne die Streifen. Die Blumenform ist nun schon deutlich erkennbar.

5. Schneide vom dicken Ende der Karotte nacheinander 1 cm dicke „Blumenscheiben" ab, bis du ans Ende der Kerben gelangst.

6. Um die Blumenscheiben aufzuspießen, drückst du die Schaschlikspieße behutsam jeweils mittig in eine Kerbe. Dein Blumenstrauß sieht später hübscher aus, wenn du die Spieße auf leicht unterschiedliche Längen kürzt.

7. Wiederhole die Schritte 1 bis 6, um weitere Blumen herzustellen. Sobald du die Längsschnitte nicht mehr im sicheren Abstand zu deiner haltenden Hand machen kannst, nimm unbedingt eine neue Karotte.

INFOBOX

Echte Schnitzprofis fertigen sich ihre Schaschlikspieße selbst – einfach ein paar dünne Äste sammeln, schälen und anspitzen – fertig.

RADIESCHENPILZE

Aus einem Bund Radieschen – hex, hex – lustige
Fliegenpilze machen. Geht nicht? Geht doch!
Und anders als echte Fliegenpilze sind sie sogar essbar.

MATERIAL

<u>für ca. 10 Pilze</u>
1 Bund Radieschen
10 Schaschlikspieße
aus Holz

WERKZEUGE

Schnitzmesser

1.

1. Entferne die grünen Stängel vom Radieschen. Lege es auf eine feste Unterlage und schneide das Schwänzchen ab. Schneide dabei nur wenig vom Radieschen weg, da diese Schnittfläche gleichzeitig der erste weiße Punkt vom Pilz ist.

2.

2. Drehe das Radieschen und schneide das andere Ende gerade und sauber ab. Die dabei entstehende Schnittfläche wird die Standfläche des Pilzes und darf ruhig etwas größer sein.

3.

3. Setze nun mittig zwischen beiden Schnittflächen einen umlaufenden Stoppschnitt, der ein paar Millimeter tief ist. An dieser Stelle wird der Pilzhut enden und der Stiel beginnen.

4.

4. Schnitze den bauchigen Pilzstiel mit mehreren Feinschnitten: von der Pilzunterseite ausgehend in leichtem Bogen bis zum Stoppschnitt. Wenn du dich dabei unsicher fühlst, lege das Radieschen mit der in Schritt 1 gemachten kleinen Schnittfläche auf eine Unterlage, steche eine Kuchengabel in die große Schnittfläche und halte es damit fest.

5.

5. Schneide behutsam ein paar weiße Pünktchen in den Pilzhut.

6.

6. Wenn du möchtest, kannst du zum Abschluss noch einen Schaschlikspieß in die Unterseite des Pilzes stecken. Wiederhole die Schritte 1 bis 6, um weitere Pilze herzustellen.

HOLUNDERRING

Das Schnitzen selbst ist einfach. Je frischer das Holz, desto stärker wird der Ring später schrumpfen. Nimm am besten vorgetrocknetes Holz oder schnitze den Ring größer.

MATERIAL

Holunder, idealerweise schon vorgetrocknet, Länge 20 cm, Ø je nach Ringgröße ca. 1,5–3,5 cm

WERKZEUGE

Säge
Schnitzmesser
Rundfeile
Schleifpapier und eventuell Schleifklotz

1. Entferne zunächst mit Grobschnitten die Rinde an einem Ende des Holunderasts.

2. Von diesem Ende sägst du zusammen mit deinem Helfer eine schmale Scheibe ab. Die Scheibe sollte je nach gewünschter Breite des Rings ca. 0,5–1 cm dick sein. Du kannst natürlich auch gleich mehrere Scheiben abschneiden, wenn du mehrere Ringe machen möchtest.

3. Drücke mit Hilfe eines dünnen Asts oder einer Rundfeile das Holundermark aus der Scheibe heraus. Je größer der Markkanal, desto weniger Arbeit hast du im nächsten Schritt.

4. Halte den Ring zwischen Daumen und Zeigefinger und feile die Innenseite auf die gewünschte Größe. Gib acht, dass du dir mit der Feile nicht wehtust! Bei frischem Holz kann es passieren, dass sich Holzfasern in der Feile festsetzen und stören – dann mit einer Drahtbürste oder einer alten Zahnbürste reinigen.

5. Zum Schluss schleifst du die Innen- und Außenkanten mit Schleifpapier rund, damit sich der Ring beim Tragen bequemer anfühlt. Fertig!

HERZANHÄNGER

Flagge zeigen, Farbe bekennen, Herz haben: Der Träger dieses Amuletts steht zu sich, seinen Liebsten und zur Natur. Sozusagen eine natürliche Statement-Kette!

MATERIAL

wahlweise Linde, Hasel,
Erle, Esche, Kastanie,
Ahorn, Weide, Pappel,
Holunder, Birke,
Länge 30 cm, Ø ca. 4–6 cm

dünnes (Leder-)Band,
Länge 75 cm

WERKZEUGE

Säge

Schnitzmesser

Spaltholz

Nagelbohrer, Ø 3 mm

Schleifpapier

Bleistift und Lineal

1.

1. Lass dir von deinem erwachsenen Helfer eine 1 cm dicke Scheibe von dem Aststück absägen, allerdings nicht gerade, sondern in einem Winkel von 45 Grad. Wenn du möchtest, kannst du den Rand der Holzscheibe verzieren oder entrinden.

2.

2. Stelle dein Lineal hochkant auf den Markpunkt der Scheibe, und zwar so, dass die linke Scheibenhälfte wie die eines Herzes aus-

sieht. Klappe das Lineal herunter, damit du besser entlangfahren kannst, und zeichne die Linie an.

3.

3. Spalte die Holzscheibe entlang der Linie mit Hilfe von Schnitzmesser und Spaltholz. Wie genau

das geht, wird im Kapitel Schnitztechniken auf Seite 22 ausführlich beschrieben.

HIER GEHT'S WEITER

4. Wende die nach unten zeigende Scheibenhälfte nach oben, setze die beiden Hälften an den Schnittkanten zusammen und du erhältst die Herzform.

5. Bohre mit dem Nagelbohrer vorsichtig zwei Löcher in jede Herzhälfte. Für die Position der Löcher orientierst du dich am Foto. Die Ein- und Austrittsstellen der Löcher kannst du sanft mit Schleifpapier glätten, damit das Band später nicht daran scheuert.

6. Jetzt fädelst du das Band durch die Löcher: zunächst von hinten durch das obere linke Loch nach vorne und von dort durch das untere rechte Loch zurück nach hinten. Dann wieder nach vorne durch das untere linke Loch und abschließend wieder nach hinten durch das obere rechte Loch.

7. Ziehe das Band noch etwas nach, bis der Anhänger mittig sitzt. Knote die Kette auf die gewünschte Länge. Fertig!

HALSKETTE

Beim Schnitzen der „Perlen" kannst du dich richtig austoben: unterschiedliche Holzarten ausprobieren, verschiedene Stockstärken wählen und alle anders verzieren.

MATERIAL

wahlweise Hasel, Holunder, Linde, Erle, Esche, Kastanie, Ahorn, Weide, Pappel, Birke, Länge 50 cm, Ø ca. 1–1,5 cm

dünnes (Leder-)Band, Länge 60 cm

WERKZEUGE

Säge

Schnitzmesser

Nagelbohrer, Ø 3 mm

Schleifpapier

1. Das Schnitzen an kleinen, bereits zugeschnittenen Perlen wäre zu gefährlich, daher schnitzt du erst alle Muster und Verzierungen in die Äste und sägst die Perlen hinterher Stück für Stück ab. Beginne mit ein paar umlaufenden Stoppschnitten, die du anschließend ganz oder teilweise mit Feinschnitten entrindest.

2. Wenn die Kanten deiner Perlen später grob abgerundet bzw. abgeschrägt sein sollen, dann schnitzt du feine, umlaufende N- oder V-Kerben an den für die Sägeschnitte vorgesehenen Stellen.

3. Wenn du mit den Verzierungen zufrieden bist, sägst du zusammen mit deinem Helfer vorsichtig eine Perle nach der anderen vom Ast ab. Wenn du möchtest, kannst du die Kanten vorsichtig mit Schleifpapier abrunden.

4. Als Nächstes kommen die Löcher in die Perlen. Dafür hältst du die jeweilige Perle fest zwischen Daumen und Zeigefinger und drehst mit Hilfe des Nagelbohrers ein Loch mittig hindurch.

5. Fädle die Perlen in der von dir festgelegten Reihenfolge auf das

Band und knote die Kette auf die gewünschte Länge. Fertig!

KLAPPERSCHLANGE

Ein schnell gebasteltes Musikinstrument, das ähnlich einer Rassel ordentlich Rabatz macht. Damit das Klebeband gut haftet, verwendest du ausnahmsweise getrocknetes Holz.

MATERIAL

(bereits getrocknete) Hasel, Birke oder Buche, Länge 15 cm, Ø 3 cm
doppelseitiges Klebeband

WERKZEUGE

Säge
Schnitzmesser
Spaltholz
Bastelschere
Bleistift

1. Säge vom einen Ende des Asts zusammen mit deinem Helfer zwei 1,5 cm dicke Scheiben ab.

2. Spalte beide Scheiben und das übrige Aststück jeweils in der Mitte. Eine ausführliche Beschreibung zum Spalten findest du auf Seite 22. Markiere die zusammengehöri-

gen Scheibenhälften mit einem Bleistift, damit du später die richtigen Teile wieder aneinanderfügen kannst.

3. Wenn du möchtest, kannst du das lange Aststück – den späteren Griff der Klapperschlange – mit deinem Schnitzmesser noch entrinden und verzieren. Die kleinen Scheiben eignen sich kaum zum Verzieren, weil sie sich nur schwer halten und bearbeiten lassen – hier dürfen nur Profis ran!

4. Lege einen Streifen doppelseitiges Klebeband vor dich hin und klebe die ersten drei Teile wie gezeigt auf. Der Abstand zwischen den einzelnen Teilen beträgt jeweils 5 mm. Die Schutzfolie auf der Unterseite des Klebebands noch nicht abziehen!

5. Schneide mit der Schere behutsam alle überstehenden Bereiche des Klebebands weg. Versichere dich, dass das Klebeband auf der Rückseite fest klebt – besser noch mal andrücken!

6. Jetzt ziehst du die zweite Schutzfolie ab und klebst die übrigen Teile zusammengehörig (Bleistiftmarkierungen!) und möglichst passgenau auf. Fest andrücken. Zum Klappern hältst du die Schlange am Griff fest und schüttelst sie lässig aus dem Handgelenk hin und her.

KROKODILRATSCHE

Ähnlich viel Gerassel wie die Klapperschlange macht diese Ratsche. Du musst dem Krokodil nur ordentlich den Rückenpanzer „kraulen".

MATERIAL

Krokodil
Hasel, Länge 30 cm, Ø 2 cm

Reibestock
Hasel, Länge 20 cm, Ø 2 cm

WERKZEUGE

Säge

Schnitzmesser

Nagelbohrer, Ø 3 mm

INFOBOX

Einsteiger können das Schnitzen des Kopfs (Schritte 1 bis 3) überspringen. Das Krokodil sieht dann zwar weniger stilecht aus, aber Krach lässt sich mit ihm genauso gut veranstalten.

1. Überlege dir, an welchem Ende des langen Asts der Kopf entstehen soll. Hier beginnst du und machst mit zwei gegenüberliegenden Grobschnitten das Maul nach vorne hin etwas schmaler.

2. Jetzt setzt du vorsichtig zwei Kerbschnitte innerhalb der eben entstandenen Schnittflächen, und zwar von schräg vorn, um das Maul etwas feiner auszuarbeiten.

3. Mit dem Nagelbohrer deutest du die Augen und Nasenlöcher an. Kleine zarte Kerbschnitte entlang der Augen verleihen dem Kopf noch zusätzlichen Charakter.

4. Säge den Ast (auf der Oberseite) 7 cm vom Kopfende entfernt ca. 1 cm tief ein. Anschließend kommen im Abstand von jeweils 2 cm drei weitere Sägeschnitte.

HIER GEHT'S WEITER

5.

5. Die Sägeschnitte dienen als Stoppschnitt für vier V-Kerben, die den Rückenpanzer des Krokodils bilden. Schneide zuerst von der einen Seite Kerben bis an die Stoppschnitte. Wende dann den Ast und schneide die Kerben von der anderen Seite.

6.

6. Setze im Griffbereich zwei umlaufende Stoppschnitte und entferne die Rinde dazwischen mit Feinschnitten. Runde die Kanten des hinteren Endes mit dem Schnitzmesser behutsam ab.

7.

7. Aus dem kurzen Ast entsteht der Reibestock. Setze im Griffbereich zwei umlaufende Stoppschnitte und entferne die Rinde davor und dahinter mit Grob- und Feinschnitten. Runde die Kanten beider Enden mit dem Schnitzmesser behutsam ab. Fertig!

8.

8. Zum Spielen hältst du das Krokodil mit der einen Hand am Griff fest und ratschst mit dem Reibestock in der anderen Hand über den Rückenpanzer hin und her.

SCHIEBEFLÖTE

Flöten aus Holunderzweigen sind der Renner. Mit dem Schiebestück kannst du spielend leicht verschiedene Tonhöhen flöten.

HIER GEHT'S WEITER

MATERIAL

Flötenstück
Holunder, schön gerade
gewachsen, Länge 12 cm,
Ø ca. 2 cm

Mundstück
Hasel, Birke oder Buche,
Länge 10 cm, Ø etwas grö-
ßer als der Markkanal des
Flötenstücks

Schiebestück
Hasel, Birke oder Buche,
Länge 10 cm, Ø ca. 1,5 cm

WERKZEUGE

**Säge, Schnitzmesser,
Rundfeile, Spaltholz**

HIER GEHT'S WEITER MIT DER SCHIEBEFLÖTE

1. Drücke mit der Rundfeile das
Mark aus dem Holunderstück.
Falls es dir schwerfällt, hältst du
nur das Holz fest und klopfst die
Feile hochkant mehrmals mit dem
Griff auf eine feste Unterlage.

2. Danach feilst du die Aushöhlung sauber nach, sodass keine
Markreste mehr vorhanden sind.

3. Nun folgt eine N-Kerbe für das
Luftloch. Dafür legst du das Holz
auf eine feste Unterlage und
machst 2 cm vor einem der beiden
Enden einen Stoppschnitt, der bis
zur Aushöhlung hinunterreicht.

4. Jetzt machst du 3 cm vor dem-
selben Ende (also 1 cm von dem
Stoppschnitt entfernt) einen schrägen Schnitt in Richtung des Stoppschnitts. Trage sorgfältig Schicht
um Schicht ab, bis die N-Kerbe ein
kleines Luftloch freilegt.

5. Nun fertigst du das Mundstück.
Entferne bei einer Hälfte des dafür vorgesehenen Aststücks ringsum die Rinde mit Grobschnitten.
Schnitze das Stück danach mit
Feinschnitten so zu, dass es fest in
die Aushöhlung am Flötenende mit
dem Luftloch passt.

6. Säge von dem zurechtgeschnitz-
ten Ende ein 2 cm langes Stück ab.

Dieses Stück stellst du anschließend aufrecht hin und spaltest
behutsam ein kleines Stück ab
(etwa ein Drittel) – das größere
Stück ist das Mundstück. Eine genaue Beschreibung zum Spalten
findest du auf Seite 22.

7. Schiebe das Mundstück bis zum Anschlag in die Aushöhlung am Ende der Flöte, wobei die abgespaltene Fläche und das Luftloch jeweils nach oben zeigen.

8. Runde mit dem Schnitzmesser vorsichtig die Kanten an beiden Enden des Flötenstücks ab. Nach Belieben kannst du auch noch Teile der Flöte entrinden oder mit Ringen verzieren.

9. Dann fertigst du das Schiebestück der Flöte. Lege das dafür vorgesehene, gerade Aststück auf eine feste Unterlage und mache 2 cm vor einem der beiden Enden einen umlaufenden Stoppschnitt.

10. Entferne auf dem langen Astabschnitt ringsum die Rinde.

11. Schnitze den entrindeten Abschnitt behutsam auf den richtigen Durchmesser zu: Er soll passgenau und trotzdem leichtgängig in die vordere Flötenöffnung passen und sich dort bequem hin- und herschieben lassen.

12. Runde die Kanten an beiden Enden des Schiebestücks ab. Fertig! Je nachdem, wie weit du das Schiebestück in die Flötenöffnung schiebst, kannst du beim Pusten verschiedene Tonhöhen erzeugen.

INFOBOX

Es kann passieren, dass deine Flöte zu Anfang nur leise bis gar keine Geräusche macht. Spätestens nach ein paar Tagen Trocknungszeit sollte sie sich allerdings schön spielen lassen. Achte auch darauf, das Schiebestück in den ersten Tagen hin und wieder zu drehen und hin- und herzuschieben, damit es sich beim Trocknen der Hölzer nicht verklemmt. Unter Umständen musst du es auch noch mal etwas nachschnitzen, damit es leichtgängig bleibt.

ZWILLE

Zielschießen – ein Klassiker! Natürlich nur auf Dosen, Zielscheiben oder Ähnliches – niemals in Richtung von Personen, Tieren und Dingen, die Schaden nehmen könnten.

MATERIAL

gerade Astgabel aus Hasel,
Erle oder Buche,
Länge 30 cm, Ø Griff 2–3 cm,
Ø Gabeln 1–2 cm

Gummiband,
Länge 40 cm, Breite 2 cm

WERKZEUGE

Säge
Schnitzmesser

1. Zunächst schnitzt du (mit etwas Abstand von den Zweigenden der Astgabel) je einen Ring in jede Gabel. Dafür setzt du jeweils zwei

Stoppschnitte und entfernst dazwischen die Rinde. Die Ringe sollen so breit sein wie das Gummiband, das später dort befestigt wird.

2. Setze anschließend drei umlaufende Stoppschnitte im leichten Abstand zum eigentlichen Bereich der Astgabelung, entferne dazwischen die Rinde.

3. Setze einen weiteren umlaufenden Stoppschnitt am unteren Griffende und entferne auch hier anschließend die Rinde.

4. Runde mit dem Schnitzmesser behutsam die Kanten an den Gabelenden und am Griffende ab.

5. Knote das Gummiband an die in Schritt 1 gemachten Ringe an den Gabelenden. Dein Helfer kann dir

bestimmt zur Hand gehen. Doppelknoten bzw. doppelte Schläge eignen sich gut, außerdem sollte das Gummiband weder zu straff noch zu lose zwischen den Gabeln gespannt sein. Mache ein paar Probeschüsse und passe die Spannung an. Als Munition eignen sich gefaltete Papierstücke, geteilte Korken oder (sofern es dir deine Eltern erlauben) auch Eicheln oder Haselnüsse.

ZAUBERSTAB

Dieses Modell ist ein mächtiger Zauberstab und praktischer Wanderstock zugleich. Gandalf lässt grüßen! Der Ast sollte so dick sein, dass er stabil, aber nicht zu schwer ist.

MATERIAL

gerader Ast aus Linde, Ahorn, Birke oder Esche, Länge 130 cm, Ø ca. 2,5 cm

WERKZEUGE

Säge
Schnitzmesser

1.

1. Falls dein Ast an der einen oder anderen Stelle kleine Seitentriebe hat, kappst du sie mit Grob- bzw. Feinschnitten.

2.

2. Schnitze 20 cm vom oberen und 30 cm vom unteren Ende entfernt jeweils einen 2 cm breiten Ring in den Ast. Setze dafür zwei Stoppschnitte und entferne die Rinde dazwischen mit dem Feinschnitt.

3.

3. Zwischen die Ringe kommt das Spiralmuster. Dafür setzt du zunächst vom oberen bis zum unteren Ring einen sehr langen, spiralförmig umlaufenden Stoppschnitt. Das Messer zeigt schräg zum Ast, während du ihn mit der haltenden Hand behutsam immer weiter um die eigene Achse drehst.

4.

4. Anschließend setzt du einen zweiten spiralförmig umlaufenden Stoppschnitt, der im Abstand von 2 cm parallel zum ersten verläuft.

5.

5. Die Rinde zwischen diesen beiden Schnitten entfernst du mit Feinschnitten. Hierfür brauchst du etwas Geduld, da der Ast recht lang ist. Aber du wirst sehen, das Ergebnis ist die Mühe wert!

SÄBEL

Ali Baba und die 40 Räuber würden vor Neid erblassen, wenn sie dich mit diesem eleganten Säbel in der Hand erblickten. Ein Modell für alle Abenteurer, Entdecker und Freunde der 1001-Nacht-Geschichten.

MATERIAL

Säbel
Birke, leicht S-förmig geschwungen, Länge 50 cm, Ø 3 cm

Handschutz
Birke, leicht S-förmig geschwungen, Länge 25 cm, Ø 3 cm

Paketschnur

WERKZEUGE

Säge
Schnitzmesser

1. Säge den Handschutz gemeinsam mit deinem erwachsenen Helfer auf eine Länge von 15 cm zu. Die Sägeschnitte verlaufen parallel zueinander, aber schräg zum Ast in einem Winkel von 45 Grad.

2. Handschutz und Säbel sollen später ineinander verkeilt werden. Dafür machst du in der Mitte des Handschutzes zwei parallele Sägeschnitte quer zum Ast. Der Abstand der Schnitte entspricht der Dicke des späteren Säbelgriffs. Die Schnitttiefe entspricht der halben Dicke des Handschutzes. Das Holz zwischen den Schnitten schnitzt du sauber mit Grob- und Feinschnitten weg.

3. Wiederhole nun Schritt 2 mit dem Säbel, wobei du den ersten Sägeschnitt 12 cm vom unteren Griffende entfernt ansetzt und der Abstand für den zweiten Sägeschnitt der Dicke des Handschutzes entspricht.

4. Beide Äste sollten sich jetzt wie hier ineinanderstecken lassen.

5. Um die Klinge des Säbels zu „schmieden", flachst du sie mit Grobschnitten Schicht für Schicht auf eine Dicke von rund 1 cm ab. Dieser Schritt kann kräftezehrend sein. Mache hin und wieder eine Pause und achte darauf, die Klinge von beiden Seiten gleichmäßig zu bearbeiten.

HIER GEHT'S WEITER

6.

7.

6. Die ausladend geschwungene Seite der Klinge wird die Schneide. Du kannst sie entrinden und noch etwas flacher zulaufen lassen. Der Spitze verpasst du eine elegante Rundung.

7. Im Griffbereich des Säbels setzt zu zwei umlaufende Stoppschnitte, entfernst die Rinde dazwischen

und rundest das Griffende zum Schluss behutsam ab.

8.

9.

8. Der Handschutz bekommt noch eine kleine Verzierung, indem du auf beiden Seiten in Längsrichtung einen Streifen der Rinde wegschnitzt.

9. Stecke den Handschutz auf den Säbel und fixiere beides mit Schnur. Dafür umwickelst du die Nahtstelle über Kreuz: fünfmal in die eine Richtung und anschließend fünfmal in die andere Rich-

tung. Ziehe beide Schnurenden gut fest und binde sie mit einem Doppelknoten bzw. mit einem doppelten Schlag zusammen. Dein erwachsener Helfer kann dir hier zur Hand gehen.

INFOBOX

Wenn du keinen S-förmig geschwungenen Ast findest, ist das natürlich auch kein Problem. Ein einfach geschwungener Ast ergibt auch einen tollen Säbel. Und ein gerader Ast ergibt ein tolles Schwert!

KREISEL

Spielerische Wettkämpfe sind bei diesem Spielzeug vor-
programmiert: Wessen Kreisel dreht sich am längsten?
Am besten gleich losschnitzen und ausprobieren!

MATERIAL

Drehscheibe
Hasel, Birke oder Buche,
Länge 1 cm, Ø 4–5 cm

Drehstift
Hasel, Birke oder Buche,
Länge 15 cm, Ø 1 cm

WERKZEUGE

Säge

Schnitzmesser

Nagelbohrer, Ø 5 mm

1. Säge zusammen mit deinem Helfer von dem dicken Ast eine 1 cm schmale Scheibe ab. Die Scheibe sollte gleichmäßig dick und gleichmäßig rund sein.

2. Runde mit dem Schnitzmesser vorsichtig die Kanten der Scheibe ab. Nach Belieben kannst du sie auch entrinden oder verzieren, so wie hier gezeigt.

3. Jetzt umgreifst du die Scheibe mit Daumen und Zeigefinger und drehst mit Hilfe des Nagelbohrers ein Loch in die Mitte.

4. Für den Drehstift spitzt du den dünnen Ast an einem Ende ringsum an, zunächst mit Grobschnitten, später mit Feinschnitten. Stecke den Stift zur Probe durch das Loch der Scheibe: Er soll fest sitzen und die Spitze auf der Unter-

seite nur rund 5 mm herausschauen. Je weiter die Spitze hinausragt, desto schwieriger das Kreiseln. Mitunter musst du den Stift also noch mal etwas nacharbeiten. Zum Schluss rundest du die Spitze leicht ab.

5. Bevor du den Stift endgültig in Position bringst, bitte deinen Helfer, ihn dir auf halber Länge abzusägen. Fertig!

BAUKLÖTZE

Bei diesen Bauklötzen ist jedes Stück einzigartig – und du bestimmst den Look! Aus einem rund 60 cm langen Ast lassen sich zehn Klötze à 4 cm fertigen.

MATERIAL

Hasel, Birke, Linde, Ahorn, Esche oder Buche, Länge 20 cm + 4 cm je Bauklotz, Ø 3–4 cm

WERKZEUGE

Säge
Schnitzmesser

1.

2.

3.

1. Bitte deinen Helfer, den Ast alle 4 cm leicht anzusägen. Die letzten 20 cm bleiben verschont – dieser Bereich wird später zum Halten benötigt, um auch die letzten Klötze sicher absägen zu können.

2. Jetzt bist du dran: Schnitze dir die Bauklötze nach Belieben zurecht, indem du den Ast mit Ring- und Spiralmustern, kleinen oder großen Kerben versiehst und einige Bereiche teilweise entrindest. Außerdem kannst du das Astende anspitzen, so erhältst du einen Bauklotz mit „Dach". Und auch ein schlichter, naturbelassener Bauklotz kann toll aussehen.

3. Jetzt benötigst du wieder die Dienste deines Helfers: Bitte ihn, die Klötze Stück für Stück vom Ast abzusägen. Wenn du möchtest, kannst du die Kanten noch vorsichtig abrunden. Dabei achtest du natürlich immer darauf, die Finger deiner haltenden Hand nie in der Nähe der Messerklinge oder in Schnittrichtung zu haben.

INFOBOX

Je mehr Klötze, desto größer der Bauspaß – logisch! Echte Baumeister fertigen dabei auch Klötze in verschiedenen Längen und Dicken und spalten einige von ihnen mittig oder mehrmalig zu dünnen Brettern.

BOJE

Lass ein Blümchen, ein kleines Foto oder eine Nachricht schaukelnd übers Wasser treiben – egal ob in der Badewanne, im Bächlein oder in einer tiefen Pfütze.

MATERIAL

Hasel, Birke, Ahorn, Esche oder Buche, Länge 20 cm, Ø 3 cm
Schraube, ca. M4 x 60

WERKZEUGE

Säge
Schnitzmesser
Nagelbohrer, Ø 3 mm und 5 mm
Schraubendreher

Für Mama

1. Runde zunächst ein Astende mit Grob- und Feinschnitten zu einer Halbkugel ab.

2. Wenn du magst, kannst du ein paar Zentimeter vom abgerundeten Ende entfernt einen oder mehrere schmale Ringe in die Rinde schnitzen. Anschließend machst du 8 cm vom abgerundeten Ende entfernt einen umlaufenden Stoppschnitt.

3. Wende den Ast und schnitze eine umlaufende N-Kerbe an den Stoppschnitt. Wende den Ast erneut und säge die Boje gemeinsam mit deinem erwachsenen Helfer entlang des Stoppschnitts gerade ab.

4. Bohre mit dem kleineren Nagelbohrer behutsam ein etwa 2 cm tiefes Loch in jedes Ende der Boje. Anschließend bohrst du eines der beiden Löcher mit dem größeren Bohrer noch etwas weiter auf.

5. In das kleinere Loch drehst du die Schraube ein Stück hinein. Die optimale Dicke und Länge der Schraube und wie tief du sie ins Holz schraubst, hängen von der Größe und dem Gewicht der Boje ab. Setze die Boje testweise mit der Schraube nach unten in einen Topf voll Wasser. Wenn sie gut schwimmt, dann gehe weiter zu Schritt 6. Wenn sie untergeht, nimm eine leichtere, also schmalere bzw. kürzere Schraube. Wenn sie zwar schwimmt, aber nicht gerade genug im Wasser steht, nimm eine schwerere, also dickere oder längere Schraube.

6. In das größere Loch kannst du nun eine kleine Blume stecken. Oder du suchst dir einen dünnen, etwa 10 cm langen Zweig, schneidest das eine Ende mit dem Messer länglich ein (leg den Zweig dafür auf eine feste Unterlage) und spitzt das andere Ende so an, dass du den Zweig fest ins Löchlein stecken kannst. In den Schlitz kannst du ein kleines Foto oder eine Notiz klemmen.

WÜRFEL

Aus einer Astscheibe wird mit ein paar Handgriffen ein trommelartiger Würfel, der sich effektvoll abrollen lässt. Eine tolle Alternative zum klassischen Würfel!

MATERIAL

Hasel, Birke oder Buche, Länge 7 cm, Ø 5 cm

WERKZEUGE

Säge

Schnitzmesser

Spaltholz

Zirkel

Bleistift und Lineal

Kugelschreiber oder anderer wasserfester Stift

1. Zeichne zunächst mit dem Zirkel einen Kreis auf die obere Schnittfläche des Aststücks. Der Kreis sollte knapp bis an die Rinde reichen, aber an keiner Stelle darüber hinausragen.

2. Konstruiere mit Zirkel und Lineal ein Sechseck, indem du den Radius deines Kreises im Zirkel einstellst, diese Strecke hintereinander auf dem Kreis abträgst

und die angezeichneten Punkte mit Hilfe des Lineals verbindest (dein erwachsener Helfer kann dich dabei sicher unterstützen).

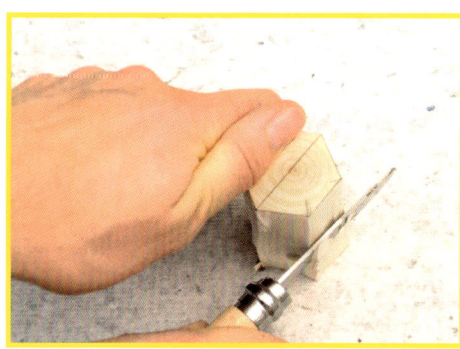

3. Trenne mit Messer und Spaltholz die äußeren Kanten des Sechsecks ab. Eine ausführliche Beschreibung zum Spalten findest

du auf Seite 22. Möglicherweise musst du die Seiten noch etwas nachbearbeiten, damit sie gleichmäßiger werden.

4. Arbeite behutsam sämtliche Kanten des Würfels noch einmal mit dem Schnitzmesser nach und stumpfe sie ab. Sonst könntest du dich später beim Würfeln an den scharfen Kanten verletzen.

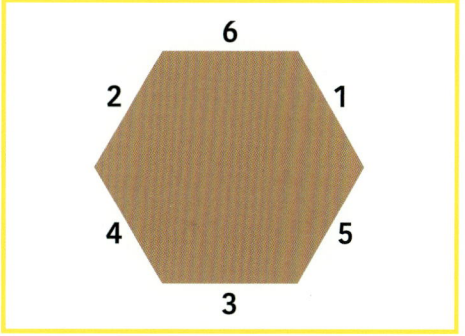

6

2   1

4   5

3

5. Zeichne mit Stift und Lineal im Abstand von jeweils 1 cm von links nach rechts Linien quer zu den Würfelflächen auf. Jede Linie entspricht einem Würfelauge. Die Abbildung zeigt dir an, wie viele Linien du auf welcher Seite anzeichnen musst.

HIER GEHT'S WEITER

6. Setze zu beiden Seiten jeder Linie flache Stoppschnitte und schnitze das dazwischenliegende

Holz weg beziehungsweise breche es behutsam heraus.

7. Damit die Kerblinien besser sichtbar sind, zeichnest du sie mit einem Kugelschreiber nach. Fertig!

8. Und so funktioniert dieser etwas andere Würfel: Lasse ihn längsseitig mit leichtem Schwung aus deiner Hand flach über den Boden rollen. Die nach dem Ausrollen nach oben zeigende Seite zeigt das Würfelergebnis.

INFOBOX

Warum sollte ein Würfel eigentlich immer nur sechs Seiten haben? Zeichne anstelle des Sechsecks ein Fünf-, Sieben- oder Achteck auf und schon bekommst du einen Würfel mit der entsprechenden Seitenzahl.

MÖLKKY-SPIEL

Der hierzulande etwas unbekanntere kleine Bruder des Geschicklichkeitsspiels „Kubb" ist das finnische „Mölkky". Die Spielregeln findest du am Ende der Modellanleitung.

HIER GEHT'S WEITER MIT DEM MÖLKKY-SPIEL

HIER GEHT'S LOS MIT DEM MÖLKKY-SPIEL

1. Säge vom Ast zusammen mit deinem Helfer ein 25 cm langes, gerades Stück ab – das wird das Wurfholz. Runde die Kanten mit dem Schnitzmesser vorsichtig ab und entrinde oder verziere es nach Belieben. Bedenke aber, dass das Holz später beim Werfen bequem in der Hand liegen soll – zu viele Verzierungen könnten stören.

2. Als Nächstes soll dein Helfer aus dem übrig gebliebenen Aststück zwölf möglichst gleich dicke Spielhölzer zurechtsägen. Jedes der Hölzer soll 15 cm lang sein und ein gerades Ende (Standfläche) und ein schräges Ende (im 45-Grad-Winkel, Trefffläche) haben.

INFOBOX

Um Holz und Arbeit beim Zusägen der Spielhölzer zu sparen, sollten die Hölzer immer im Wechsel einmal gerade und einmal schräg abgesägt werden. So erhältst du mit jedem neuen Sägeschnitt ein neues Spielholz.

3. Runde mit dem Schnitzmesser vorsichtig die Kanten der geraden Standflächen ab – aber nicht zu stark, schließlich sollen die Hölzer später noch sicher stehen. Falls notwendig, glättest du die schrägen Treffflächen noch mit Schleifpapier. Entrinden oder Verzieren gefällig? Los geht's!

4. Schnappe dir nun Pinsel und Farbe und male die Zahlen von 1 bis 12 auf die Treffflächen der Spielhölzer: Jede Fläche bekommt eine eigene Zahl. Damit nichts schiefgeht, kannst du die Zahlen auch mit Bleistift vorzeichnen.

MÖLKKY-SPIELANLEITUNG

DU BRAUCHST

1 Wurfholz, 12 Spielhölzer

SPIELER

Teilnehmen kann eine beliebige Anzahl von Spielern ab 6 Jahren. Zuerst wird die Wurfreihenfolge der Mitspieler festgelegt. Jeder Spieler hat pro Runde nur einen Wurf. Dieser Wurf kann auf beliebige Weise ausgeführt werden.

SPIELAUFBAU

Das Spiel wird auf einer größeren Fläche im Freien gespielt. Ideal ist ein ebener Gras- oder Sandboden. Die Spielhölzer werden dicht beieinander in einer Gruppe aufgestellt, sodass die Zahlen in Richtung der Wurflinie zeigen.

1. Reihe: 1, 2
2. Reihe: 3, 10, 4
3. Reihe: 5, 11, 12, 6
4. Reihe: 7, 9, 8

Geworfen wird von einer Wurflinie aus, die je nach Schwierigkeitsgrad 3–4 Meter von den vorderen Spielhölzern entfernt ist.

SPIELABLAUF

Mit dem Wurfholz wird auf die Spielhölzer gezielt, um diese zum Umfallen zu bringen. Nach jedem Wurf werden die Trefferpunkte der gefallenen Spielhölzer ermittelt. Als gefallene Spielhölzer zählen nur solche, die nicht auf dem Wurfholz oder anderen Spielhölzern aufliegen.

Fällt nur ein Spielholz, so erhält der Spieler die Punktzahl dieses Spielholzes.

Fallen mehrere Spielhölzer, so erhält der Spieler die Anzahl der gefallenen Spielhölzer als Punkte. Wenn also drei Spielhölzer fallen, hat der Spieler 3 Punkte erzielt, ganz egal welche Nummern auf diesen Spielhölzern stehen.

Fällt kein Spielholz, so erhält der Spieler null Punkte. Drei Fehlwürfe hintereinander oder dreimaliges Übertreten der Wurflinie in Folge führen zum Ausscheiden des Spielers.

Die Punkte werden in jeder Runde zum jeweiligen Punktestand addiert. Erreicht ein Spieler exakt 50 Punkte, gewinnt er und das Spiel ist beendet. Übertrifft er mit seinem Wurf 50 Punkte, wird sein Punktestand auf 25 zurückgesetzt und das Spiel geht weiter. Bevor der nächste Spieler an der Reihe ist, werden die Spielhölzer genau an der Stelle, an der sie zu Boden gefallen sind, wieder aufgestellt und mit den Zahlen in Richtung der Wurflinie gedreht.

DEVILSTICK

Der Devilstick ist ein tolles Jongliergerät! Mit zwei Handstöcken versucht man, ihn durch Hin- und Herschlagen
bzw. Fangen und Werfen lange in der Luft zu halten.

1. Falls deine Äste an der einen oder anderen Stelle kleine Seitentriebe haben, kappst du sie mit Grob- bzw. Feinschnitten.

2. Setze jeweils 3 cm vor den beiden Enden des Devilstick-Asts umlaufende Stoppschnitte.

3. Die Rinde zwischen den Stoppschnitten schnitzt du mit Grobschnitten weg. Zu den Enden hin

arbeitest du dich mit Feinschnitten bis an die Stoppschnitte heran.

4. Setze in der Mitte einen umlaufenden Stoppschnitt und schnitze den Devilstick von beiden Seiten konisch zu. Das bedeutet, dass der Ast zur Mitte hin gleichmäßig dünner werden soll, bis er dort

nur noch 1,5 cm dick ist. Beginne mit Grobschnitten. Wende den Ast hin und wieder und achte darauf, dass er gleichmäßig wird. Gegen Ende kommt der Feinschnitt.

HIER GEHT'S WEITER

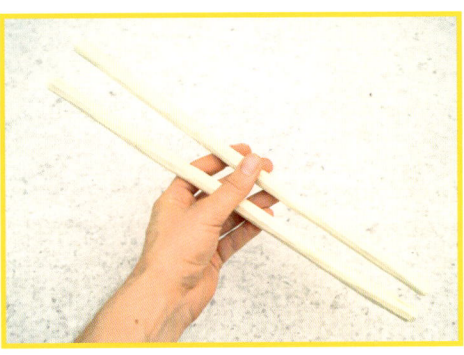

5. Wenn du mit dem Ergebnis zufrieden bist, machst du eine Bleistiftlinie entlang der Mitte und legst den Devilstick an dieser Stelle auf deinen ausgestreckten Zeigefinger. Hält er die Waage? Super, dann weiter zu Schritt 6. Wahrscheinlicher ist, dass der Ast zu einer Seite kippt. Das bedeutet, dass er dort noch zu schwer ist. Schnitze auf dieser Seite noch etwas mehr Holz weg und wiederhole das Ausbalancieren.

6. Bei den beiden Handstöcken entfernst du die Rinde komplett und schnitzt sie (sofern sie unterschiedlich dick sind) auf eine gleichmäßige Dicke von 1 cm zu.

Schnitze zuerst die eine Hälfte, wende dann den Stock und schnitze die andere Hälfte. Abschließend rundest du die Kanten ab.

7. Nimm den Fahrradschlauch und schneide mit der Schere den Bereich weg, in dem das Ventil sitzt. Dann trennst du den Schlauch der Länge nach vorsichtig auf. Damit der Schnitt gerade wird, führst du die Schere an einer der längs laufenden Nähte entlang. Den aufgetrennten Schlauch schneidest du jetzt noch einmal der Länge nach in zwei gleich breite Streifen.

8. Nimm den ersten Gummistreifen und schneide ein Ende schräg ab. Setze dieses Ende an einem Ende des Devilsticks an und wickle den Streifen straff und schräg

verlaufend um den Ast herum bis zum anderen Ende. Dort schneidest du das überstehende Gummi wieder schräg ab. Dein Helfer geht dir dabei sicher gerne zur Hand.

9. Damit sich die Enden nicht lösen, umwickelst du sie mit Isolier- oder Gewebeband. Umwickle auch die Mitte des Devilsticks mit einem schmalen Stück Band, damit du die Mitte später beim Jonglieren besser erkennen kannst.

10. Mit derselben Technik umwickelst du auch die Handstöcke. Hier musst du die Mitte nicht markieren. Geschafft!

INFOBOX

Wie du am besten mit dem Devilstick jonglierst, kannst du dir im Internet anschauen. Da gibt's viele hilfreiche Tutorials!

SCHLÜSSELANHÄNGER

Ob fröhlich oder traurig, lieb oder böse, mit dicker oder dünner, langer oder kurzer Nase: Du selbst bestimmst den Charakter deines neuen Schlüsselanhängers.

MATERIAL

Hasel, Linde, Birke, Länge 30 cm, mit einem Seitentrieb im Mittelbereich, Ø 1,5–2,5 cm

1 Schlüsselring, Ø 30 oder 35 mm

WERKZEUGE

Säge

Schnitzmesser

Nagelbohrer, Ø 2 mm und 4 mm

1. Der Seitentrieb deines Asts wird die Nase des Gesichts. Wenn sie dir zu lang ist, kürze sie auf einer festen Unterlage behutsam mit dem Messer.

2. Für die Augen schneidest du etwas oberhalb der Nase zwei kleine V-Kerben ins Holz.

3. Den Mund bildet eine flache und breite N-Kerbe. Dafür machst du zunächst einen Stoppschnitt und anschließend einen flachen Kerbschnitt bis an den Stoppschnitt heran. Wenn du den Kerbschnitt von unten ansetzt, bekommst du einen lachenden Mund, von oben angesetzt einen traurigen Mund.

4. Mit dem 2-mm-Nagelbohrer bohrst du oberhalb der Augen seitlich durch den Ast. Anschließend bohrst du das Loch mit dem 4-mm-Nagelbohrer weiter auf. Das Vorbohren verhindert, dass sich der Ast beim Durchbohren mit dem dicken Bohrer spaltet.

5. Bitte deinen Helfer, dir den Ast oberhalb der Augen schräg abzusägen, sodass das Bohrloch mittig in der Schnittfläche sitzt. Danach kommt der zweite Sägeschnitt, dieses Mal gerade und unterhalb des Munds. Runde mit ein paar Feinschnitten die Kante des unteren Sägeschnitts ab.

6. Setze den Schlüsselring in das Bohrloch ein. Fertig!

TÜRSTOPPER

Zugegeben, ein klassischer Keil erfüllt auch seinen Zweck. Aber hier geht es nicht um die einfache Lösung, sondern um ein liebevoll geschnitztes Stück, das niemand sonst hat.

MATERIAL

Hasel, Linde, Birke, Länge 30 cm, Ø 4–5 cm

WERKZEUGE

Säge
Schnitzmesser

1.

1. In die Mitte des Asts kommt eine umlaufende V-Kerbe. Dafür beginnst du mit einem umlaufenden Stoppschnitt. Dann schnitzt du Stück für Stück eine umlaufende N-Kerbe in das Holz.

2.

2. Nun wendest du den Ast und machst gegenläufige Kerbschnitte, um aus der umlaufenden N-Kerbe eine V-Kerbe zu machen. Wiederhole diesen Ablauf, bis die V-Kerbe eine Breite von 3 cm und eine Tiefe von knapp 1 cm hat.

3.

3. Um die Keilform zu schnitzen, machst du entlang einer der beiden Asthälften Grobschnitte in Richtung Astende. Achte darauf, das Holz auf der Ober- und Unterseite gleichmäßig abzutragen. Wenn du damit fertig bist, hast du dir ein Fleißbienchen verdient!

4.

4. Auf der anderen Asthälfte setzt du (rund 5 cm von der Mitte entfernt) einen weiteren umlaufenden Stoppschnitt und schnitzt eine umlaufende N-Kerbe, die zur Mitte hin gerichtet ist. Sie sollte rund 1,5 cm breit sein und dieselbe Tiefe haben wie die zuvor gemachte V-Kerbe.

5.

5. Zwischen N- und V-Kerbe entsteht der Griff des Türstoppers. Entferne hier zunächst die Rinde und runde den Griff dann mit Feinschnitten noch etwas ab.

6.

6. Bitte deinen Helfer, dir den Türstopper entlang des Stoppschnitts der umlaufenden N-Kerbe abzusägen. Die Schnittkante rundest du zum Schluss noch behutsam mit Feinschnitten ab.

BUTTERMESSER

Zu Tisch! Dieses leicht geschwungene und formschöne Messer macht das Butterbrotschmieren ab jetzt zum Erlebnis – wetten?!

1. Zeichne auf einer der beiden Schnittflächen des Asts eine Mittellinie an. Links und rechts daneben zeichnest du zwei nach unten hin leicht schräg zulaufende Linien – wie auf dem Foto zu sehen.

2. Spalte die beiden Außenseiten des Asts entlang der schrägen Linien mit Messer und Spaltholz ab. Eine genaue Beschreibung zum Spalten findest du auf Seite 22.

3. Schnitze das so entstandene dünne Brettchen noch etwas

nach, sodass Ober- und Unterseite glatt und eben sind.

HIER GEHT'S WEITER

4. Jetzt zeichnest du die Außenform des Buttermessers aufs Holz. Hierfür kannst du die Vorlage auf Seite 77 verwenden.

5. Beginne mit den Ecken und schnitze sie behutsam rund. Für die letzten Millimeter kannst du

das Holz auf eine feste Unterlage legen und das noch überstehende Holz Stück für Stück abspalten.

6. Die längliche Außenform arbeitest du mit Feinschnitten heraus. Stoppschnitte an den tiefsten

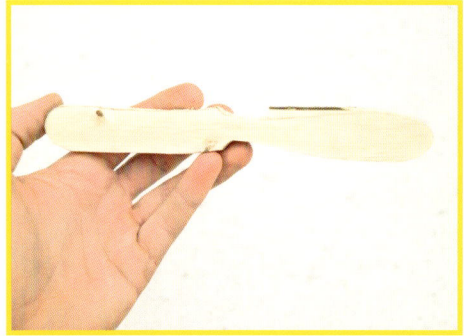

Stellen verhindern, dass du ungewollt über die Bleistiftlinien hinweg ins Holz schnitzt.

7. Bist du mit der Außenform zufrieden, „schärfst" du die Holz-

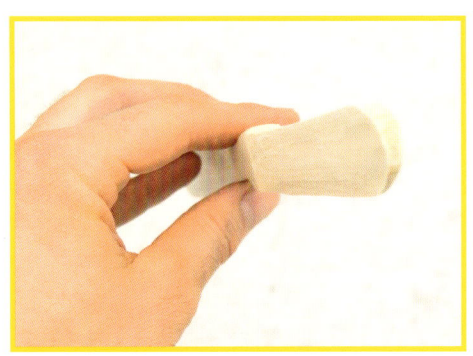

klinge im unteren Bereich von beiden Seiten ein wenig an.

8. Die Kanten des Griffs rundest du mit Feinschnitten leicht ab.

9. Abschließend glättest du mit Schleifpapier den Griff und die Klinge noch etwas nach. Fertig!

FORMVORLAGE FÜR DAS BUTTERMESSER

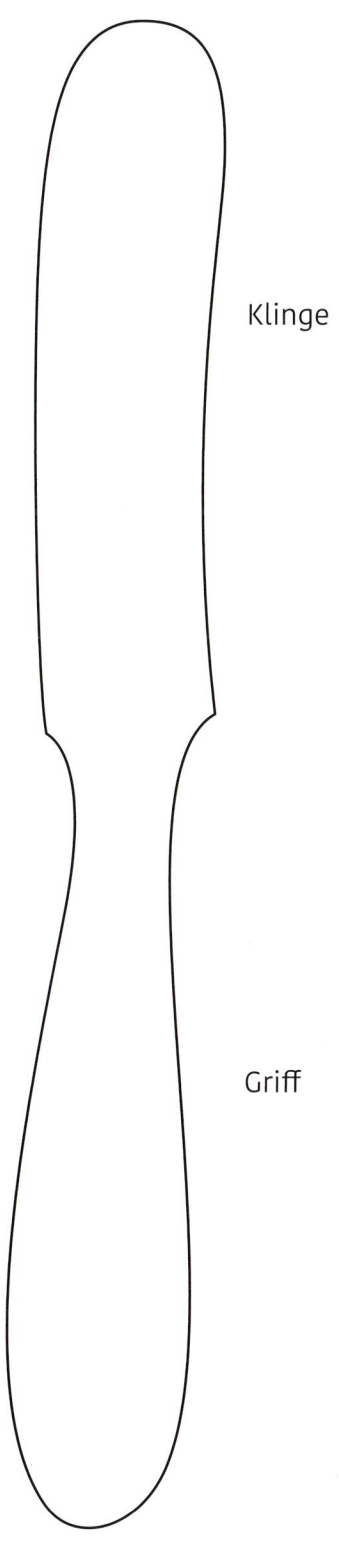

Klinge

Griff

ÜBER DEN AUTOR

Thade Precht lebt und arbeitet als freischaffender Designer in Berlin. Mit seinem Büro Thade Precht Playful Design – kurz TPPD – widmet er sich mit Leidenschaft und Hingabe spielerischen Themenfeldern wie Spielzeug, Spielen und Kreativbüchern. Ende 2011 gründete er Knot*Knot, ein Designlabel für handumknüpfte Kabelprodukte, das er bis heute leitet. „Schnitz-Kids" ist sein sechstes DIY-Buch.

NOCH MEHR KREATIVE BÜCHER

**Bock auf Stock –
Das Naturbastelbuch**
€ 14,99 (D), € 15,50 (A)
ISBN: 978-3-86355-549-8

**Wickie und die starken
Männer – Naturbastelbuch**
€ 14,99 (D), € 15,50 (A)
ISBN: 978-3-86355-405-7

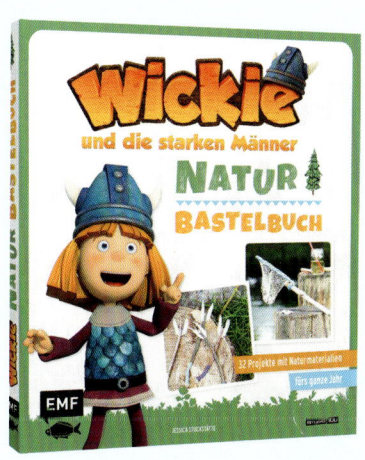

**Papiertier Safari –
Ausschneiden, falten, kleben
und spielen**
€ 9,99 (D), € 10,30 (A)
ISBN: 978-3-86355-639-6

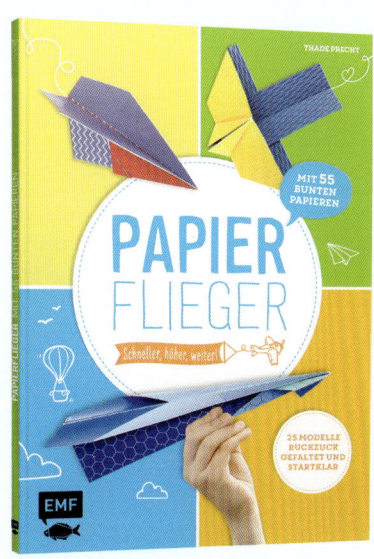

**Papierflieger –
Schneller, höher, weiter!**
€ 12,99 (D), € 13,40 (A)
ISBN: 978-3-86355-577-1

**Das Schnipsel-Buch –
Kreativer Zeichenspaß mit
Schnipseln aus Papier**
€ 14,99 (D), € 15,50 (A)
ISBN: 978-3-86355-705-8

IMPRESSUM

Bibliografische Information der Deutschen Bibliothek.

Die Deutsche Bibliothek verzeichnet diese Publikation in der deutschen National-
bibliografie.

Detaillierte bibliografische Daten sind im Internet über
http://www.d-nb.de/ abrufbar.

EIN BUCH DER EDITION MICHAEL FISCHER
1. Auflage 2017
© 2017 Edition Michael Fischer GmbH, Igling

Covergestaltung: Rebecca Leiner
Lektorat: Antje Krause, Mühlenbecker Land/Zühlsdorf
Redaktion: Charlotte May, Antje Krause
Layout: Rebecca Leiner
Illustrationen: Nelli Braun
Alle Fotos: Patrick Wittmann, München, außer Schrittbilder
zu den Projekten sowie S. 14, S. 15, S. 17: Thade Precht;
S. 6, S. 24, S. 26, S. 28: Edition Michael Fischer

ISBN 978-3-86355-680-8
Printed in Slovakia

www.emf-verlag.de